Opsi Biner:

Panduan Langkah demi langkah untuk Menghasilkan Uang dari Perdagangan Indeks Volatilitas

by

Richard Lee

PEMBERITAHUAN HUKUM

HAK CIPTA

Seluruh hak cipta. Tidak ada bagian dari buku ini yang boleh direproduksi dalam bentuk apa pun, elektronik atau mekanis, termasuk fotokopi, rekaman, atau dengan sistem penyimpanan atau pengambilan informasi atau didistribusikan ulang tanpa izin tertulis dari penulis. Buku ini tidak dapat dijual dalam keadaan apa pun; Anda hanya memiliki hak pribadi atas buku ini.

PENOLAKAN

Dengan menggunakan informasi dalam buku ini, Anda setuju bahwa ini adalah materi pendidikan umum dan Anda tidak akan meminta pertanggungjawaban siapa pun atas kehilangan atau kerusakan yang diakibatkan oleh konten yang disediakan di sini oleh pengarang.

Harap dicatat bahwa perdagangan dan perdagangan Binary dalam produk leveraged lainnya melibatkan tingkat risiko yang signifikan dan tidak cocok untuk semua investor. Sebelum melakukan transaksi seperti itu Anda harus memastikan bahwa Anda sepenuhnya memahami risiko yang terlibat dan mencari nasihat independen jika diperlukan. Setiap pendapat, atau informasi lain yang terkandung dalam buku ini disediakan untuk tujuan pendidikan umum, dan bukan merupakan saran investasi.

Hak cipta © 2018 Richard Lee
Seluruh hak cipta.

DAFTAR ISI

DAFTAR ISI 2

Pengenalan 4

BAB SATU 6

Pengantar Perdagangan Opsi Biner 6

BAGIAN DUA 10

Bagaimana cara trading Rise / Fall 10

    Strategi Sniper Graphic Worm 10

    Aturan Strategi ini 11

    Manajemen keuangan 14

BAB TIGA 16

Bagaimana cara Trade Touch / No Touch 16

    Platform Perdagangan 22

    Does Not Touch Trade Strategi 24

    BEAR MARKET 24

    Strategi Saluran Keltner 25

    Bagaimana cara memperdagangkan Kanal Keltner 26

    Strategi Perbatasan Atas 26

    Strategi Band Tengah 29

    Up/Down (Rise/Fall) Strategi 30

    Moving Average 50 Strategi (Garis Merah) 32

    PASAR BANTENG 33

Strategi Saluran Keltner 33

Moving Average 20 Strategy (Garis Hitam) 35

Moving Average 50 Strategy (Garis Merah) 36

Kata-kata Perhatian 37

Manajemen keuangan 38

BAB EMPAT 40

Cara memperdagangkan Digits Matches 40

Digits Matches Strategi 41

Prosedur 43

Nomor Rahasia 44

Aturan Strategi 47

BAB LIMA 48

Kesimpulan 48

Pengenalan

Terima kasih telah membeli buku ini. Tujuan akhir saya menulis buku lain dalam Teach Yourself Series adalah untuk membantu Anda berdagang dan menghasilkan uang dari opsi Biner. Anda tidak perlu membayar seseorang dalam jumlah besar sebelum Anda dapat mempelajari cara melakukan perdagangan terutama Opsi Biner.

Saya berbagi dengan Anda di sini kekayaan pengalaman dan strategi saya dalam perdagangan yang saya harap juga akan membantu Anda.

Harap dicatat bahwa pada saat menulis buku ini, beberapa fitur dalam platform biner mungkin telah diubah tetapi prinsipnya tetap sama.

Yang harus Anda lakukan adalah secara harfiah mengikuti semua prinsip dan strategi yang digariskan dalam buku ini dan Anda akan dijamin secara KONSISTEN memiliki rasio kemenangan tinggi yang diterjemahkan menjadi Pengembalian Investasi (ROI) yang sangat mencolok.

Harap diingat bahwa perdagangan bukanlah skema cepat kaya. Anda benar-benar dapat berdagang dan mencari nafkah dari itu jika Anda mematuhi beberapa aturan dan prinsip tertentu yang memandunya. Saya berbagi dengan Anda di sini beberapa strategi yang akan membantu Anda melakukan itu.

Merupakan harapan saya bahwa membaca buku ini tidak hanya akan menerjemahkan untuk melengkapi Anda dengan pengetahuan tetapi juga membantu Anda menghasilkan uang dalam bisnis perdagangan Anda.

Saya harap Anda tidak hanya akan membaca tetapi juga menerapkan pengetahuan yang telah Anda pelajari dalam buku ini. Saat itulah keberuntungan perdagangan Anda akan datang.

Saya memiliki keyakinan besar bahwa apa yang akan Anda pelajari, jika diimplementasikan akan membantu Anda menghasilkan uang dari Opsi Biner.

Selamat membaca.

Richard Lee

BAB SATU

Pengantar Perdagangan Opsi Biner

Binary Option juga disebut opsi all-or-nothing. Sebagai pedagang opsi biner, Anda memiliki dua posisi untuk memutuskan apakah nilai aset akan naik atau akan turun selama jangka waktu tertentu? Tergantung pada hasil perdagangan, pembayaran adalah persentase yang ditentukan sebelumnya atau tidak sama sekali.

Sebagai contoh, jika seorang pedagang mengantisipasi bahwa nilai EURUSD akan dihargai dalam jangka waktu tertentu, dan benar, maka dia mendapatkan laba dalam jumlah tetap. Jika nilai EURUSD turun, pedagang kehilangan seluruh jumlah investasi. Tidak masalah jika aset melebihi harga asli dengan 1 poin atau 50 poin, pembayarannya sama.

Biner lebih sederhana untuk diperdagangkan dibandingkan dengan Forex. Anda tidak perlu mengetahui terlalu banyak detail teknis untuk berdagang Opsi Biner tidak seperti di Forex. Selain itu, Opsi Biner adalah jangka pendek, kadang-kadang secepat hanya 60 detik, memungkinkan untuk perdagangan berulang dan sukses. Lebih lanjut, hal ini memungkinkan investor untuk memanfaatkan bull (ke atas) dan menanggung (ke bawah) tren pasar.

Perdagangan itu sendiri sederhana. Setelah Anda membuka akun, buka platform perdagangan. Pilih aset yang ingin Anda perdagangkan, waktu kedaluwarsa, apakah nilainya akan naik (opsi Panggil) atau ke bawah (opsi Put), lalu masukkan jumlah yang ingin Anda investasikan. Anda mengendalikan investasi Anda di setiap tahap. Pada waktu kedaluwarsa, pembayaran yang ditetapkan akan ditambahkan secara otomatis ke akun Anda jika Anda berhasil menukarkannya, atau jumlah investasi dikurangi jika tidak. Meskipun sebagian besar pialang di luar sana hanya memberikan opsi perdagangan kepada pedagang dalam mata uang atau komoditas atau saham dan indeks, ada sisi lain Opsi Biner yang binary.com tawarkan kepada kliennya untuk menghasilkan uang. Ini adalah Indeks Volatilitas.

Perdagangan Indeks Volatilitas adalah aspek perdagangan Opsi Biner yang diperdagangkan di platform Binary.com. Ini lebih stabil dibandingkan dengan mata uang dan tidak dikenakan berita seperti kebanyakan pasangan lakukan. Indeks Volatilitas memiliki banyak instrumen untuk diperdagangkan seperti Indeks Volatilitas 10, Indeks Volatilitas 25, Indeks Volatilitas 50, Indeks Volatilitas 75, Volatilitas 100, dan pasar Bear and Bull. Silakan lihat gambar di bawah ini.

Ada beberapa opsi untuk berdagang di bawah setiap Indeks Volatilitas. Kami memiliki Atas / Bawah (Naik / Turun, Lebih Tinggi / Lebih Rendah) Sentuh / Tidak Ada Sentuh, In / Out, Digit, Orang Asia dan Lookbacks Dll.

Lihat gambar di bawah ini,

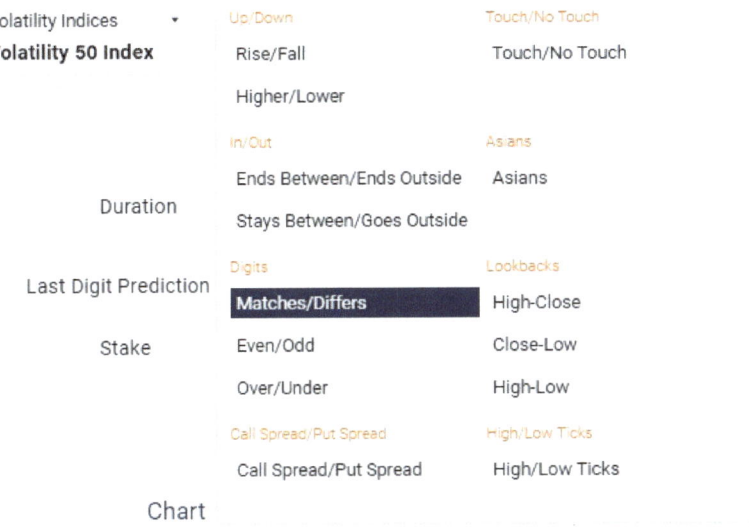

Anda mungkin perlu membuka setiap Indeks secara individual karena Anda mungkin tidak menemukan Pencocokan Digit di beberapa seperti pasar Bear dan Bull. Semua sama, hanya untuk memberi Anda gambaran tentang beberapa opsi perdagangan di bawah Indeks Volatilitas.

Dalam buku ini, saya akan menunjukkan kepada Anda langkah demi langkah bagaimana Anda dapat menukar UP / Down (Rise / Fall), Digit Matches, dan Touch / No Touch.

BAGIAN DUA

Bagaimana cara trading Rise / Fall

Strategi Sniper Graphic Worm

Mari saya jelaskan bagaimana memperdagangkan Indeks Volatilitas dengan strategi ini.

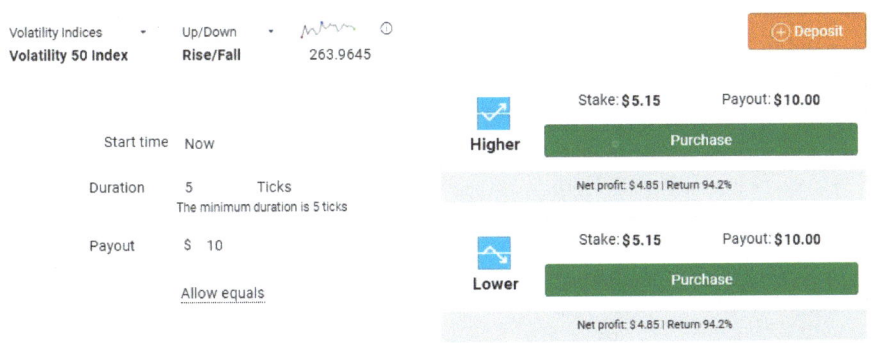

Ini adalah Strategi Tick. Pilih Naik / Turun dan Naik / Turun. Di bawah durasi, Anda memilih 5 tick, menetapkan taruhan atau jumlah investasi Anda dan Anda dapat membeli Lebih Tinggi atau Lebih Rendah.

Pada gambar di atas, dapatkah Anda melihat garis yang saya tunjuk dengan panah Merah? Itu adalah cacing grafis. Ia memiliki empat bagian. Bagian bulat kecil Merah, Biru dan Hijau. Ujung ekstrim memiliki kepala bulat hijau seperti cacing. Bagian keempat adalah harga tampilan warna 264.0470 seperti yang terlihat di atas. Lihat gambar di bawah ini

Panah Merah menunjuk ke bagian bundar. Panah Biru menunjuk ke bagian bulat dan panah Hijau menunjuk ke kepala cacing.

Aturan Strategi ini

Fokus kami adalah kepala Worm dan harga tampilan warna yang harus BIRU atau MERAH. Ketika kepala cacing berubah menjadi RED, menghitung head dan warna harga berikutnya. Jika head berikutnya dan harga tampilan warna juga RED minimal 3 kali tanpa warna lain di antaranya, Anda harus siap untuk mengambil posisi Anda (dalam hal ini HIGHER). Lalu ketika ini terjadi, warna berikutnya yang muncul yaitu BIRU, segera klik pada Tinggi.

TAPI jika kepala cacing berwarna BIRU, hitunglah harga warna nomor berurutan berikutnya, jika BIRU secara berurutan tanpa ada warna lain yang menyilang di antara keduanya. Maka bersiaplah untuk mengambil posisi Anda yang RENDAH. Jadi dalam hal ini, segera warna berikutnya muncul yaitu RED, klik pada RENDAH.

Harap dicatat, harga tampilan warna atau kepala BIRU menunjukkan UP atau Lebih tinggi sementara warna MERAH menunjukkan Turun atau Turun

Mari kita lihat contoh,

Seperti yang Anda lihat dari gambar di atas.
Harga tampilan warna pertama adalah RED bersama dengan cacing grafis kepala RED. Warna nomor langsung berikutnya adalah MERAH dengan cacing kepala RED. Ini diikuti segera dengan warna nomor RED lainnya dengan cacing lain dengan kepala RED. Setelah Anda melihat tiga warna harga layar dan kepala warna yang sama tanpa warna nomor lain atau kepala di antara keduanya. Bersiaplah untuk mengambil posisi Anda.

Sekarang, Anda dapat melihat bahwa nomor keempat adalah BIRU dengan kepala HIJAU. Itu tidak masalah. Urutan nomor bertemu dengan tiga nomor RED sebelumnya dan kepala secara berurutan. Setelah ini terjadi klik pada TINGGI.

Dan harap dicatat bahwa segera harga tampilan warna berubah menjadi BIRU. Anda klik pada TINGGI secara bersamaan.

Mari saya tunjukkan contoh lain.

BIRU kepala datang dengan harga warna BIRU! Hitung 1
Harga kedua dari gerakan yang muncul setelah itu masih BIRU! Hitung 2
Harga ketiga dari gerakan yang muncul setelah itu masih BIRU! Hitung 3
Bersiaplah untuk mengeklik LOWER setelah ini. Kami sudah memiliki tiga nomor BIRU dan kepala secara berurutan yang tidak terpengaruh oleh warna nomor lain.
Dan harga tampilan warna masih BIRU, masih oke. Tidak masalah.
Setelah ini, harga tampilan warna berubah menjadi MERAH, kemudian segera klik RENDAH.

Mari saya tunjukkan contoh lain,

Kepala RED muncul dengan harga warna MERAH! Hitung 1

Harga kedua dari gerakan yang muncul setelah itu masih MERAH! Hitung 2
Harga ketiga dari gerakan yang muncul setelah itu masih MERAH! Hitung 3
Bersiaplah untuk mengklik posisi TINGGI setelah ini. Kami sudah memiliki tiga nomor RED dan kepala secara berurutan yang tidak terpengaruh oleh warna nomor lain. Setelah ini, harga tampilan warna berubah menjadi BIRU, kemudian segera klik TINGGI.

Tetapi misalnya jika kepala RED muncul, dan saya mulai menghitung dari kepala RED pertama, jika harga dan kepala warna tidak dalam SEQUENCE (Tidak Teratur), maka hitungannya akan menjadi tidak valid. Saya akan mengabaikan itu dan mencari urutan lain yang lebih baik.

Manajemen keuangan

Strategi ini berhasil dan akan membantu Anda menghasilkan uang dari Volatility Binary Option dengan mudah daripada dalam mata uang. Namun, tidak ada strategi yang 100% sempurna. Jika strategi membantu Anda memenangkan 6 atau 7 dari 10 perdagangan. Ini adalah strategi yang bagus.

Aspek kunci lainnya dari trading adalah Money Management. Dalam hal kerugian, Anda harus siap menggunakan Strategi Martingale untuk menutup kerugian Anda.
Di bawah ini adalah format MATINGALE sampel yang dapat Anda gunakan untuk memulihkan modal Anda.
$0.5, $2.5, $6.25, $15.63, $39.07, $97.66.
Apa artinya ini adalah bahwa jika Anda bertaruh $0.5 dan Anda kalah, dalam pemasukan perdagangan berikutnya $2.5, jika itu menghasilkan kerugian, dalam perdagangan berikutnya lagi letakkan $6.25 dan seterusnya dalam urutan itu ... Dengan melakukan ini,

Anda akan dapat memulihkan kerugian Anda dan masih untung setelah setiap perdagangan.

Harap dicatat bahwa taruhan tergantung pada modal Anda. Anda juga dapat mengembangkan gaya manajemen uang Anda sendiri tergantung pada modal Anda.

BAB TIGA

Bagaimana cara Trade Touch / No Touch

Untuk melakukan perdagangan Touch / No Touch, Anda akan membutuhkan Trading View Platform untuk mendapatkan bagan.

Ada dua cara untuk mendapatkan Platform Biner Tampilan Perdagangan Anda.
(1.) Anda bisa langsung ke https://tradingview.binary.com/v1.3.11/main.html atau
(2.) Anda pergi ke binary.com pada browser Anda dan ikuti langkah-langkah di bawah ini

Klik pada Platform seperti yang ditunjukkan di bawah ini

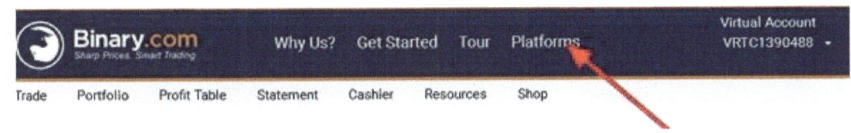

Kemudian klik pada Tools lainnya

Kemudian Klik Coba Perdagangan Lihat seperti yang ditunjukkan di bawah ini

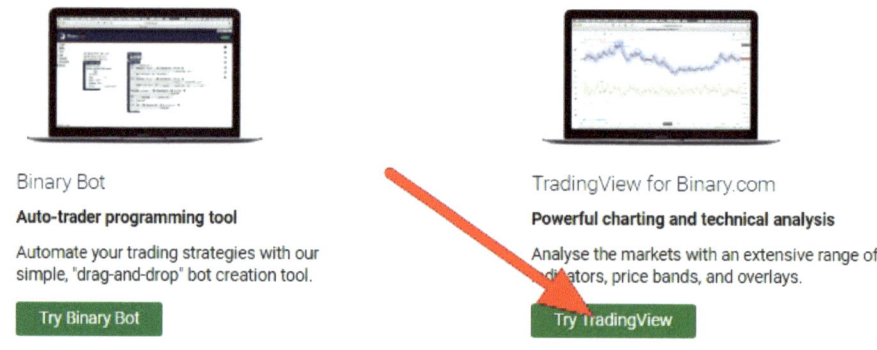

Bagan akan terlihat seperti ini

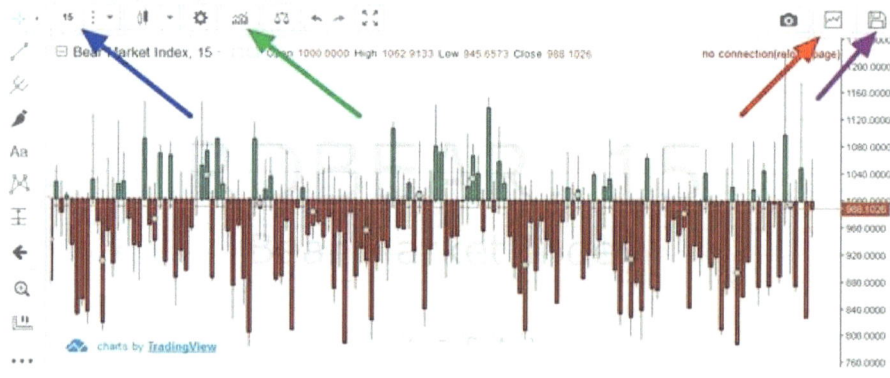

Panah Merah menunjukkan tempat untuk mendapatkan Instrumen untuk Dagang. Ketika Anda mengkliknya, ia akan membawa halaman seperti ini di bawah ini dan Anda dapat memilih Bear atau Bull Market.

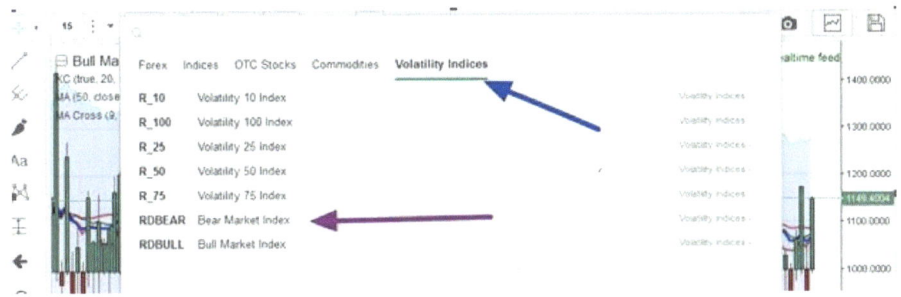

The Green Arrow adalah tempat untuk memilih Indikator.

Blue Arrow adalah tempat untuk memilih Time Frame yang bisa 15 menit ke jam. Dan Purple Arrow adalah tempat untuk menyimpan pengaturan sehingga Anda dapat melihatnya ketika berikutnya Anda kembali untuk berdagang.

Lihat gambar di bawah ini

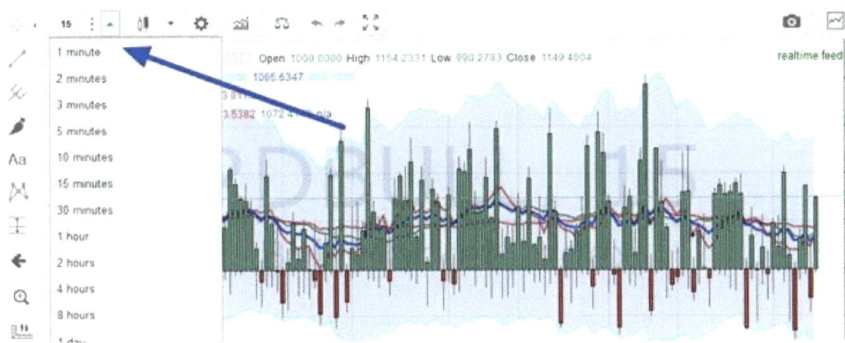

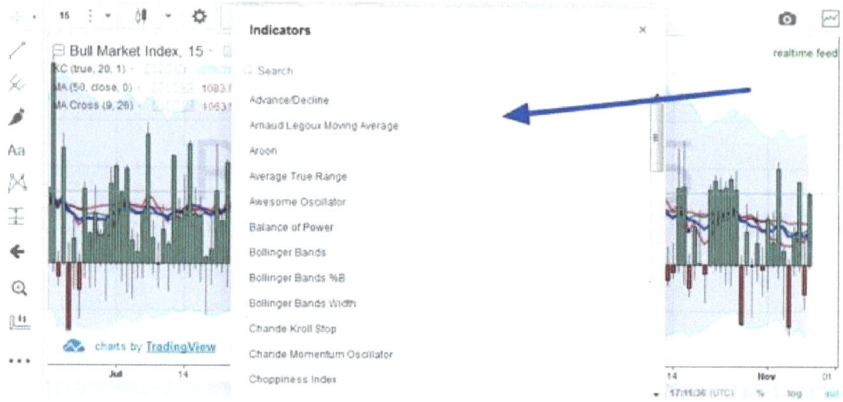

Setelah bagan Anda dimuat. Anda sekarang akan mengkonfigurasi grafik Anda dengan dua Indikator untuk strategi kami.

Yang pertama adalah Moving Average dan yang kedua adalah Keltner Channel.

Untuk Pengaturan Rata-Rata Bergerak

Pilih Moving Average dalam indikator dan isi detail seperti yang ditunjukkan di bawah ini.

Kami akan menggunakan Moving Average 20 dan Moving Average 50.

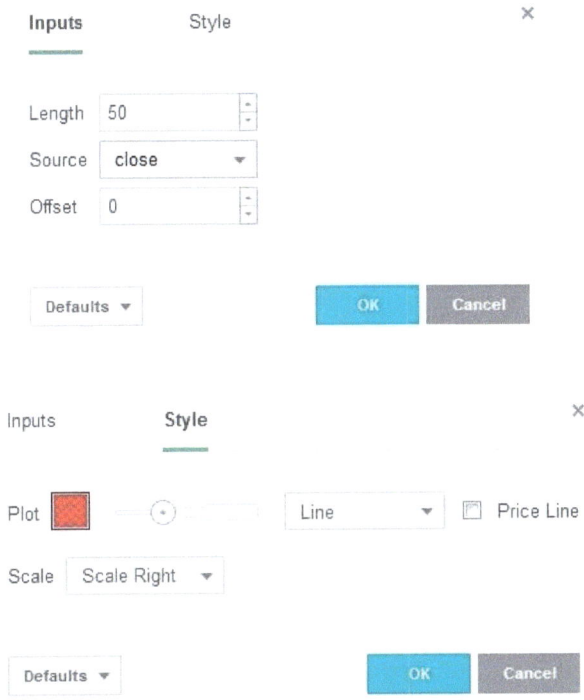

Kami menggunakan Warna Merah untuk Moving Average 50. Setelah ini selesai. Tambahkan Moving Average 20 juga. Anda dapat memilih warna pilihan Anda. Klik Ok. Dan itu akan dimasukkan ke bagan Anda.

Untuk Pengaturan Saluran Keltner

Pilih Keltner di bawah daftar Indikator dan isi rinciannya seperti yang ditunjukkan di bawah ini. Kami menggunakan 20 di bawah panjang seperti yang ditunjukkan di bawah ini. Mohon dicatat.

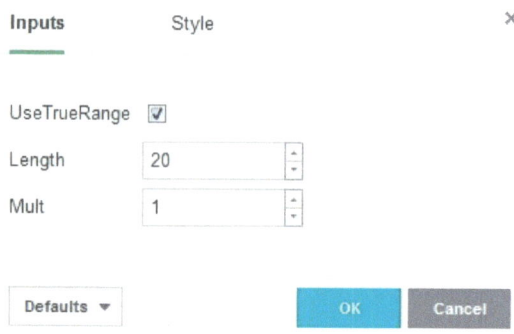

Anda dapat mengklik Style untuk mengubah warna garis. Kelter bekerja seperti Bollinger Band yang memiliki tiga garis. Masing-masing garis ini dapat diberi warna berbeda tergantung pada preferensi Anda.

Lihat di bawah

Kemudian Klik pada SAVE untuk menyimpan pengaturan sebagai template yang dapat Anda buka nanti ketika Anda online untuk berdagang.

Sekarang ubah jangka waktu Anda menjadi 15 menit atau 30 menit atau 60 menit. Ini akan mengubah bagan default Anda di mana Anda memiliki histogram ke bagan seperti ini di bawah ini

Platform Perdagangan

Mari bicara tentang platform perdagangan

Klik pada Indeks Volatilitas. Pilih Bear atau Bull Market.

Kemudian ubah dari Rise / Fall ke Touch / No Touch

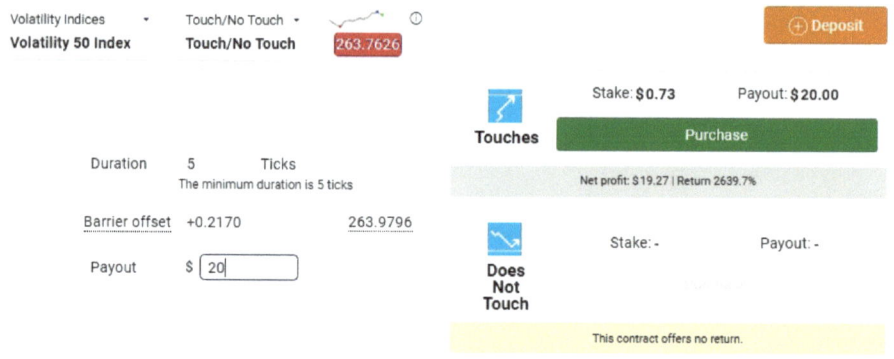

Durasi: Apakah periode waktu Anda mengantisipasi perdagangan Anda akan bertahan atau ingin perdagangan Anda berjalan. Itu bisa dari 1 menit jangka waktu minimum hingga 15 jam

Barrier Offset: Seperti Stop Loss Anda dalam Forex. Broker ini akan selalu memberi Anda penghalang standar. Dalam banyak kasus, penghalang ini sangat dekat dengan entri Anda. Yang harus Anda lakukan adalah mengubahnya ke penghalang Anda sendiri. Ketika Anda mengubah penghalang Anda, Anda juga akan melihat bahwa taruhan Anda akan meningkat sementara pembayaran Anda akan menurun atau sebaliknya. Penghalang default selalu memberi Anda pembayaran besar dengan saham yang sangat rendah. Tapi begitu Anda mengurangi penghalang, taruhan Anda akan meningkat dan pembayaran akan berkurang

Sentuhan: Dalam hal ini, Anda memprediksi bahwa pasar akan menyentuh tingkat harga menentukan selama jangka waktu tertentu.

Tidak Menyentuh: Dalam perdagangan ini, Anda memprediksi bahwa pasar tidak akan menyentuh penghalang Anda (tingkat harga) selama jangka waktu tertentu.

Mari kita lihat cara berdagang Does Not Touch menggunakan Moving Average dan Keltner Channel Strategy.

Does Not Touch Trade Strategi

Di bagian ini, saya akan menunjukkan kepada Anda cara berdagang Does Not Touch menggunakan saluran Keltner. Namun, harap perhatikan bahwa Anda dapat menerapkan prinsip di balik strategi ini untuk memperdagangkan UP / DOWN (Rise / Fall) juga. Jangan batasi diri Anda ke Does Not Touch. Anda dapat menggunakannya untuk berdagang Rise / Fall juga. Alasan mengapa saya mengajari Anda Does Not Touch adalah karena jika Anda melakukannya dengan benar, Anda dapat dengan mudah menghasilkan lebih banyak uang dengan itu karena menawarkan Anda Pengembalian yang lebih tinggi pada investasi seperti 300% dan di atas dibandingkan dengan Rise / Fall yang menawarkan Anda 30, 35% atimes atau bahkan kurang.

BEAR MARKET

Sifat Pasar Beruang adalah membuka tinggi dan berdagang lebih rendah. Ini berarti akan atau selalu terbuka di atas harga penutupan hari sebelumnya, reli mencapai tertinggi kemudian jatuh untuk sisa hari itu. Sifat ini memberi kita keunggulan untuk mengetahui Tren pasar ini, yang selalu bearish.

Seperti yang Anda lihat dari grafik di atas, pasar dibuka tinggi di atas penutupan hari sebelumnya (mulai dari 00GMT), diperdagangkan lebih tinggi dan jatuh untuk sisa hari itu. Anda dapat memeriksa grafik untuk mengonfirmasi ini. Silakan periksa Red Arrow. Ini digunakan untuk menggambarkan di mana pasar dibuka dan bagaimana pasar meningkat ke tinggi hari sebelum jatuh.

Saat berdagang pasar Bear, kami mengambil sinyal perdagangan kami berdasarkan candle bearish saja.

Dalam hal ini, kita berdagang sejalan dengan tren- Menjadi pasar beruang. Seperti yang sudah kami ketahui di Forex, trennya adalah teman Anda. Jangan berdagang melawan tren.

Strategi Saluran Keltner

Pengaturan harus diatur ke 20, 1 seperti yang ditunjukkan di atas pada halaman sebelumnya.
Ada dua cara Anda dapat menukar strategi ini. Itu bisa untuk durasi pendek atau panjang.

Untuk Perdagangan Durasi Pendek

Dalam hal ini, Anda akan menggunakan kerangka waktu 15 menit atau 30 menit (grafik) untuk mendapatkan sinyal Anda. Waktu kedaluwarsa (yang merupakan durasi Anda) dapat ditetapkan sebagai 30 menit atau 60 menit tergantung pada Anda.

Untuk Perdagangan Jangka Panjang

Anda akan mengatur durasi Anda sebagai 4 jam, 5 jam dll.

Bagaimana cara memperdagangkan Kanal Keltner

Ada dua cara untuk memperdagangkan Kanal Keltner.
(1) Anda dapat menukar lilin yang berasal dari luar batas atas Saluran Keltner dan menutup di bawah garis batas atas atau di atasnya.
(2) Anda juga dapat menukar pita tengah Saluran Keltner

Strategi Perbatasan Atas

Ketika lilin bearish datang dari luar batas atas Saluran Keltner dekat di dalam saluran Keltner (tutup di bawah garis batas atas atau di atasnya). Kemudian kita berharap bahwa lilin atau perdagangan akan mencoba dan menyentuh pita tengah saluran Keltner.

Dalam hal ini kita menempatkan TIDAK SENTUH Perdagangan dan mengatur penghalang kami sebagai +6 dari nilai default. Jika nilai defaultnya adalah +2.453, kita akan mengubahnya ke +6.453. Cara lain untuk mendapatkan penghalang adalah menempatkan kursor Anda sekitar 1 atau 2 poin di atas lilin sinyal. Lilin sinyal adalah lilin yang menyilang atau menutup di bawah batas atas Saluran Keltner. Ini adalah lilin yang memberi kita petunjuk atau melanjutkan bahwa ya, Anda dapat menempatkan perdagangan Anda sekarang.

Harap dicatat bahwa penghalang seperti pengaturan stop loss Anda di pasar forex.

Silakan periksa tanda panah di bagan di bawah ini untuk contoh

Bear Market Chart

Grafik ini hanya memiliki Indikator Keltner Channels

Contoh lain di bawah ini

Grafik ini memiliki semua 3 indikator yang ditampilkan.

Anda dapat melihat dari grafik di atas bahwa pasar atau lilin datang dari luar batas atas (dari yang lebih tinggi) dan lebih rendah di dalam saluran Keltner.

Jika Anda mengamati grafik di atas dengan cermat, Anda akan melihat kerangka waktu saya adalah 1 jam. Saya menggunakan ini untuk tujuan instruksi saja. Gunakan grafik 15 atau 30 menit untuk tujuan perdagangan.

Dan saya ingin menambahkan ini, ketika perdagangan dipicu pada grafik 30 menit atau 15 menit Anda, Anda dapat membuka bagan 5 menit untuk memilih entri Anda. Ini karena, ada kalanya pasar akan retrace ke atas sebelum bergerak ke arah Anda - yang jatuh. Dan jika retracement panjang, itu mungkin mengenai penghalang Anda sebelum mengambil arah yang diinginkan. Jadi terkadang lebih baik menunggu retracement berakhir pada jangka waktu 5 menit sebelum Anda menempatkan perdagangan TIDAK SENTUH. Ini kasusnya, perdagangan Anda akan aman dan mengurangi kerugian Anda.

Strategi Band Tengah

Di Bear Market ketika candle bearish dekat pada garis middle band atau di atasnya, perdagangan (yaitu candle berikutnya dan yang berurutan) akan bergerak ke bawah. Dalam hal ini, kami menempatkan perdagangan TIDAK SENTUH. Dan kami akan menetapkan Penghalang sebagai +6 dari nilai default sebagaimana dijelaskan di atas.

Mari kita lihat Contoh perdagangan

Garis band tengah ditunjukkan oleh Garis Biru.

Up/Down (Rise/Fall) Strategi

Seperti yang saya katakan sebelumnya, kami menggunakan dua Moving Average 20 dan 50. Dalam buku ini, Moving Average 20 ditunjukkan dengan warna hitam sementara Moving Average 50 dalam Warna Merah.

Di Bear Market, setiap kali lilin ditutup di bawah garis Moving Average 20, pasar akan jatuh untuk sisa hari sampai pasar tutup. Apa yang menandakan ini adalah bahwa tren telah berubah menjadi bearish, dan kami berharap pasar akan terus turun sejalan dengan sifat bearish dari Bear Market. Pasar selalu menghargai Moving Average 20 dan setelah itu menyeberang dan menutup di bawah, sifat pasar adalah bahwa tren akan lebih rendah untuk sisa hari itu.

Dalam strategi ini, Anda tidak akan menempatkan TIDAK SENTUH Perdagangan. Anda akan memperdagangkan perdagangan UP / DOWN (Rise / Fall).

Durasi: Atur durasi Anda hingga lebih dari 5-6 jam tergantung pada waktu Anda melihat sinyal Anda.

Mari kita lihat contoh-contoh perdagangan untuk Grafik Pasar Beruang

Moving Average 50 Strategi (Garis Merah)

Di Pasar Beruang, kapan pun lilin mendekati atau di bawah garis Rata-Rata Bergerak 50, lilin atau perdagangan berikutnya akan bergerak ke bawah. Prinsip yang sama yang kami amati dalam Moving Average 20 juga berlaku di sini. Setiap penutupan di bawah Moving Average menandakan perubahan tren, dan kami diharapkan untuk berdagang sejalan dengan tren. Pasar juga selalu menghargai Moving Average 50, dan begitu lilin melintas dan menutupnya di bawah, pasar akan berusaha melanjutkan kejatuhannya. Setelah sinyal perdagangan Anda memicu, tempatkan Perdagangan Naik / Turun (Rise / Fall) dan tetapkan durasi Anda.

Panah Biru menunjukkan kerugian. Jika Anda ingin menukarkannya, saya berharap itu akan hilang karena tidak bergerak ke arah yang kami maksudkan seperti yang diharapkan. Tetapi dalam semua, Anda masih menghasilkan keuntungan. Dari grafik, kami memiliki 5 kemenangan dan 2 kekalahan.

PASAR BANTENG

Sifat Pasar Bull adalah membuka rendah dan berdagang tinggi. Jadi diharapkan kapan saja dibuka, harga jatuh lebih rendah dari harga penutupan hari sebelumnya dan perdagangan lebih tinggi untuk sisa hari itu.

Karena kita perdagangan TIDAK MENYENTUH, Anda akan mengatur penghalang Anda. Dalam hal ini, karena merupakan Pasar Bull. Anda akan memasukkan tanda negatif (-) baik -6, -9, -15 dll ke nilai default yang Anda lihat di platform perdagangan dan mengatur durasi Anda. Misalnya jika nilai default adalah 2.3456; Anda akan mengubahnya ke -6.3456. Ini berarti Anda memprediksi bahwa pasar tidak akan menyentuh penghalang Anda selama durasi yang Anda tetapkan.

Mari kita lihat contoh perdagangan untuk masing-masing strategi seperti yang dibahas di atas

Strategi Saluran Keltner

Karena kita berurusan dengan Bull Market, kita melihat Bullish Candles yang datang dari luar Keltner Channel, melintasi batas bawah Channel dan menutupnya.

Lihat Panah di bawah ini

Anda dapat melihat dari grafik di atas bahwa perdagangan datang dari luar (datang dari rendahnya hari) melintasi batas bawah, baik di garis dekat atau di atas garis dan tren lebih tinggi.

Setelah Anda melihat sinyal seperti ini, Anda menempatkan perdagangan TIDAK SENTUH. Atur Penghalang Anda sebagai negatif dari nilai default dan tetapkan durasi Anda juga.

Trading Garis Tengah Saluran Keltner di Pasar Bull

Setiap kali lilin bullish menutup pada garis tengah diwakili oleh garis Biru atau di atasnya, selalu diharapkan bahwa itu akan terus naik lebih tinggi atau rally. Setelah ini terlihat, Anda menempatkan perdagangan TIDAK SENTUH.

Lihat Arrows di bawah ini misalnya

Bull Market Chart

Moving Average 20 Strategy (Garis Hitam)

Di Bull Market, setiap kali candle menutup di atas garis Moving Average 20, itu berarti tren telah berubah menjadi tren Naik, dan Anda sekarang dapat berdagang sejalan dengan tren. Dalam kasus seperti itu, pasar akan terus rally untuk sisa hari itu. Sifatnya akan menjadi tren yang lebih tinggi sampai pasar tutup.

Harap Diperhatikan: Dalam hal ini, kami melakukan perdagangan Naik atau Turun (Naik / Turun) untuk sisa hari itu.
Setiap kali candle bullish melintasi Moving Average 20 baris dan tutup di atasnya, itu semua untuk hari ini. Pasar akan terus tren lebih tinggi sampai pasar tutup. Setelah Anda melihat ini, letakkan perdagangan Up Anda dan tetapkan durasi Anda untuk jam-jam sisa hari itu.

Keluarlah dari perdagangan Anda ketika itu telah memberi Anda dua kali lipat dari saham Anda atau tunggu sampai tutup hari jika Anda yakin itu tidak akan mundur.

Lihat contoh di bawah ini sebagaimana ditunjukkan oleh panah

Harap Perhatikan bahwa untuk strategi ini. Anda harus menggunakan timeframe atau bagan 1 jam untuk mendapatkan sinyal Anda untuk berdagang.

Moving Average 50 Strategy (Garis Merah)

Prinsip yang sama berlaku untuk Bull Market. Di Bull Market, setiap kali candle menutup di atas garis Moving Average 50, pasar akan terus rally. Setelah ini terjadi tempatkan perdagangan Naik / Turun (Rise / Fall) dan tetapkan durasi Anda.

Saya menunjukkan Panah Biru di atas untuk menunjukkan jika Anda telah menempatkan perdagangan itu, itu akan menyebabkan kerugian.

Kata-kata Perhatian

Saya akan berharap bahwa Anda tidak membabi buta melakukan perdagangan. Hal pertama yang harus Anda lakukan adalah menandai area Dukungan dan Perlawanan pada bagan Anda. Harap Anda tahu apa artinya Dukungan dan Perlawanan? Mereka adalah zona di grafik di mana harga yang naik dapat menemui hambatan dan menghentikan arah ke atas dan berubah ke arah bawah (Resistance) atau zona di mana harga yang jatuh menghantam dukungan dan berhenti jatuh dan mulai membeli (Dukungan).

Setelah Anda menarik Dukungan dan Perlawanan Anda, saya mohon Anda untuk mengabaikan setiap sinyal yang meminta Anda untuk menempatkan perdagangan Up / Tinggi Anda di sekitar Resistance dan Down / Lower trade Anda di sekitar Dukungan. Mereka adalah zona bahaya yang tidak akan membuat perdagangan Anda memberi Anda keuntungan.

Manajemen keuangan

Silakan gunakan Strategi Martingale untuk menutup kerugian. Itu adalah rencana pengelolaan uang yang kami gunakan untuk memulihkan perdagangan kerugian kami dan masih untung.

BAB EMPAT

Cara memperdagangkan Digits Matches

Di bawah Digits match Anda diharapkan untuk memprediksi digit terakhir dari harga Indeks Volatilitas setelah 5-10 ticks. Misalnya, Anda akan memenangkan sepuluh kali uang Anda jika Anda memperkirakan bahwa digit terakhir dari kutu kelima adalah 9 dan memang demikian. Tapi, jika Anda memprediksi 9, dan hasilnya 8, Anda akan kehilangan investasi Anda. Ini sepertinya yang paling sulit, kan?

Jangan khawatir, saya akan memberikan prosedur langkah demi langkah tentang cara menghasilkan uang dengan pencocokan Digit.

Saya telah menunjukkan gambar di bawah ini.

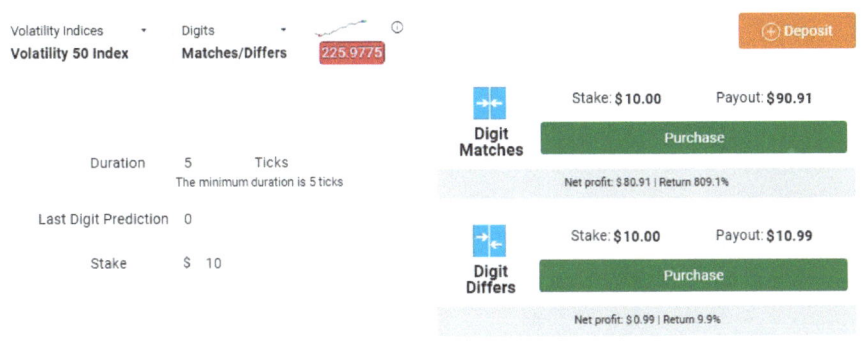

Setelah Anda mengklik Indeks Volatilitas pilihan Anda, baik itu 10, 25, 50, 75 atau 100.

Ubah UP / Down ke Digits dengan Cocok / Berbeda

Karena sangat mudah memprediksi Differs (memprediksi bahwa digit terakhir dari tanda centang ke-5 tidak akan menjadi angka yang dipilih), pengembaliannya sangat kecil.

Untuk mendapatkan hasil maksimal dari strategi ini, Anda membutuhkan setidaknya $ 170 sebagai modal untuk memulai.

Digits Matches Strategi

Lihatlah tabel di bawah ini. Apakah kamu mengerti apa artinya? Saya akan menjelaskan setiap kolom untuk Anda.

Percobaan	Stake	Biaya	Biaya Tetap	Keuntungan
1	$1	$1	$10	$9
2	$1	$2	$10	$8
3	$1	$3	$10	$7
4	$1	$4	$10	$6
5	$1	$5	$10	$5
6	$1	$6	$10	$4
7	$1	$7	$10	$3
8	$1	$8	$10	$2
9	$1	$9	$10	$1
10	$2	$11	$20	$9
11	$2	$13	$20	$7
12	$2	$15	$20	$5

13	$2	$17	$20	$3
14	$3	$20	$30	$10
15	$3	$23	$30	$7
16	$3	$26	$30	$4
17	$4	$30	$40	$10
18	$4	$34	$40	$6
19	$4	$38	$40	$2
20	$5	$43	$50	$7
21	$5	$48	$50	$2
22	$7	$55	$70	$15
23	$7	$62	$70	$8
24	$7	$69	$70	$1
25	$9	$78	$90	$12
26	$9	$87	$90	$3
27	$12	$99	$120	$21
28	$12	$111	$120	$9
29	$13	$124	$130	$6
30	$15	$139	$150	$11

PERCOBAAN

Ini adalah jumlah uji coba yang akan dibuat di mana hits atau kemenangan kita diharapkan akan dilakukan sepanjang persidangan. Modal kita yang sebesar $170 memberi kita kemewahan yang meraba-raba dari percobaan satu sampai tiga puluh percobaan; di mana kita diharapkan untuk membuat hit. Keindahan di sini adalah bahwa di mana pun kita melakukan pukulan, kita akan selalu mendapat untung.

STAKE

Taruhan berarti jumlah uang yang kita mau investasikan atau perdagangkan dengan. Saya kira Anda akan mengerti lebih baik dengan hanya melihat melalui meja.

BIAYA

Ini adalah nilai kumulatif dari taruhan kami. Pada saat Anda akan mengambil uji coba pertama, Anda akan membayar $1. Tetapi pada saat Anda akan mengambil uji coba ke 11 Anda, $15 akan dipotong dari akun Anda.

BIAYA TETAP

Yang diperbaiki di sini berarti jumlah yang akan kita terima ketika kita membuat pukulan. Ingat kita dibayar sepuluh kali dari saham kita. Jadi, TETAP kami pada suatu titik waktu akan menjadi sepuluh kali dari taruhan pada titik tertentu

KEUNTUNGAN

Ini adalah untung kami. Ini dihitung dengan mengurangi BIAYA dari FIXED. Itu artinya jika kita membuat pukulan pada persidangan ke-12; biaya kami di sana adalah $18. Karena kami mempertaruhkan $3 pada persidangan ke-12, kami tetap; yang 10 kali lipat taruhan kita akan sama dengan $30. Oleh karena itu, kami kembali pada titik ini, sedang TETAP dikurangi COST sama dengan $ 30 dikurangi $18, yang memberikan $12. Itu berarti bahwa hasil kita pada titik tertentu adalah $12.

Prosedur

Pada pencocokan angka, Anda diharapkan untuk memprediksi dari angka 0 - 9, angka yang akan menjadi digit desimal terakhir setelah tanda centang kelima. Setelah prediksi Anda benar, Anda akan mendapat 10 kali lipat taruhan Anda.

Kami memahami cara kerjanya. Anda akan memasukkan taruhan Anda, prediksi Anda, dan klik pada Pencocokan Digit Pembelian.

Sekarang lihat tabel itu di sana lagi. Di sana, ada "RETURNS" sebagai kolom. Seperti yang saya jelaskan, itu adalah untung kami. BAGAIMANA?

Seperti saya katakan, kita akan memprediksi digit terakhir dari tanda kelima. Itu berarti kita akan memiliki probabilitas 1/10 (karena kita memiliki sepuluh angka dari 0-9) dan dengan demikian, ini tampaknya sangat sulit. Saya tidak mengatakan saya akan memberi Anda keajaiban untuk mengetahui apa angka terakhir akan keluar dengan benar. Tapi, saya akan memberi Anda strategi yang akan memastikan bahwa Anda akan selalu menjadi pemenang bahkan jika Anda tidak meramalkan beberapa kali. Semua yang kita cari adalah bahwa kita memprediksi hanya sekali dalam 25 percobaan. Ini berarti bahwa jika kita memprediksi salah untuk 16 kali dan dengan prediksi ke-17, kita memprediksi dengan benar, kita akan mendapat untung. Apa yang saya siapkan dengan Anda adalah apa yang disebut risiko yang sangat diperhitungkan. Satu-satunya tugas yang Anda bayangi adalah memilih angka antara 0 - 9. Setiap hal lain akan dijaga.

Nomor Rahasia

Anda tahu cukup baik bahwa kami harus memilih angka dari 0-9 sebagai prediksi kami bahwa kami berharap menjadi angka terakhir setelah tanda centang kelima. Baik! Sekarang, izinkan saya memberi Anda nomor rahasia dan strategi rahasia. Angka-angka adalah 0, 1, 2, 3, 4, 5, 6, 7, 8, dan 9. Sepuluh dari mereka tentu saja. Seperti yang Anda lihat, semuanya memiliki probabilitas yang sama. Tetapi kadang-kadang saya biasanya pergi untuk jumlah yang lebih besar. (5, 6, 7, 8, atau 9) dengan alasan tidak dapat dijelaskan. Juga, ketika pergi untuk angka-angka yang lebih besar ini, saya kadang-

kadang lebih suka bahkan jumlah di antara mereka (6 atau 8).

Sebaliknya, jika Anda tidak memiliki wawasan tentang angka apa pun dan Anda ingin benar-benar menghubungkan nomor pilihan Anda dengan sesuatu, maka ini mungkin sangat masuk akal bagi Anda.

Lihatlah gambar di bawah ini

Klik pada Statistik Digit Terakhir seperti yang ditunjukkan dengan panah BIRU. Ini berarti statistik. Jika Anda mengkliknya, itu akan membawa diagram lingkaran yang akan memplot frekuensi kemunculan setiap angka dari 0-9 untuk set centang yang Anda pilih. Anda dapat memutuskan untuk memplotnya selama 100, 200, 300 melewati kutu sebelumnya. Ini akan memberi Anda wawasan seberapa sering setiap angka muncul untuk kutu sebelumnya. Pilih untuk 100 kutu sebelumnya jika Anda harus menggunakan statistik karena memberikan informasi terbaru. Perhatikan bahwa angka dengan persentase tertinggi adalah jumlah yang paling banyak muncul dalam 100 tick terakhir.

CATATAN:

Jumlah yang kami pilih sama sekali bukan strategi kami. Strateginya terletak pada rumus tabulasi. Dan perhatikan bahwa WHICHEVER NUMBER ANDA MEMILIH, ANDA TIDAK HARUS MENGUBAH ITU SAMPAI ANDA MEMILIKI. Setelah Anda menang, Anda dapat memutuskan untuk menggunakan nomor lain.

Anda harus mulai dari awal lagi setelah Anda menang. (Uji coba pertama ke atas) Misalnya jika Anda memilih 8. Pada percobaan pertama Anda, itu tidak menunjukkan (Anda kehilangan $1); Uji coba kedua, tidak menunjukkan (Anda kehilangan $1, menghasilkan $2); hingga uji coba ke-7 (Anda kehilangan $1 lagi, menjumlahkan hingga $7) dan jika pada percobaan ke-8, Anda menang, Anda akan memenangkan $10. Ini dikurangi akumulasi biaya $8 akan meninggalkan Anda dengan laba $2.

Intinya di sini adalah bahwa Anda tidak harus mengubah 8 (prediksi Anda) sampai Anda menang. Jika Anda berani mengubahnya, Anda akan kehilangan uang Anda. Setelah melakukan pukulan, Anda dapat memilih untuk mengubahnya atau memutuskan untuk melanjutkannya. Tapi, tidak pernah mengubahnya sama sekali saat game masih berjalan tanpa kemenangan. Setelah Anda tidak mengubahnya, saya sangat yakin Anda akan menang sebelum uji coba ke-23 Anda. Tidak peduli seberapa buruknya. Dan ingat, di mana pun Anda melakukan pukulan, Anda pasti akan kembali. Cukup menempel rumus tabulasi dan biarkan itu menjadi panduan Anda.

Catatan peringatan lainnya adalah bahwa **STRATEGI HANYA BISA DIGUNAKAN SEKALI DALAM 3 BULAN.** Jika Anda menggunakannya bulan ini dan bermaksud mencobanya bulan depan, itu tidak akan berhasil. Ini mungkin karena fakta bahwa broker melihat perdagangan kami, dan setelah mereka melihat urutan kemenangan Anda, mereka akan mengubah algoritma angka-angka. Kami tidak ingin bermain di tangan mereka.

Aturan Strategi

- Buka akun virtual dan akun asli.
- Gunakan akun virtual untuk mencoba tangan Anda dengan strategi ini.
- Harap pastikan Anda berlatih dengan akun Virtual Anda dan membangun kepercayaan diri Anda dengan sangat baik sebelum pergi untuk akun Real.
- Segera setelah Anda siap untuk mengambil taruhan, tetapkan semua parameter Anda seperti yang diinstruksikan
- Buat keputusan tentang nomor yang ingin Anda gunakan
- Setelah Anda mulai, jangan pernah mengubah nomor Anda, tidak peduli berapa lama waktu yang dibutuhkan untuk membuat hit; jika Anda melakukannya, Anda akan kalah.
- Jangan hipertensi jika Anda belum membuat pukulan. Itu mungkin datang pada percobaan yang ke 24 atau bahkan lebih.
- Anda tidak boleh bersantai di tengah taruhannya. Setelah hasilnya keluar untuk uji coba pertama, beri makan uji coba ke-2 segera dan seterusnya, sampai Anda membuat pukulan. Ini memastikan bahwa Anda tidak membuat uji coba Anda independen tetapi bergantung satu sama lain. Ini mempercepat pukulan Anda.
- Berdasarkan strategi kami, Anda diharapkan hanya melakukan 5 klik per hari. Ini dapat dicapai dalam waktu 15-20 menit.
- Dengan 5 klik per hari, rata-rata $20 / hari adalah pasti. Itu memberi $100 / minggu. Ini memberi Anda target $400 / bulan.
- Jangan serakah. Jika Anda memilih untuk menjadi, Anda mengundang masalah.
- Setelah 5 klik dibuat untuk hari itu, keluar dan hitung untung Anda untuk hari itu.
- Jika semua ini benar-benar dipatuhi, $400 Anda dijamin 100% dalam bulan dengan strategi ini saja..

BAB LIMA

Kesimpulan

Biarkan saya benar mengatakan prinsip-prinsip yang diajarkan di bawah Touch / No Touch dapat digunakan untuk berdagang Naik / Turun (Naik / Turun). Kadang-kadang perdagangan Does Not Touch bisa sangat berisiko, dalam kasus seperti itu, terapkan strategi untuk berdagang Rise / Fall.

Simpanlah semua petunjuk dalam ebook ini dan Anda akan kagum dengan apa dunia Anda nantinya. Jangan serakah dan jangan pesimis. Juga, jangan malas. Saya percaya ebook ini sudah cukup jelas. Baca dengan seksama dan berada di internet untuk mempraktekkan semua yang diajarkan di dalamnya. Dengan panduan ini saya yakin Anda dapat memulai dengan akun virtual Anda dalam 12 jam membaca panduan ini.

Saya mengundang Anda untuk mencoba strategi Tren Perdagangan teman saya yang diuraikan dalam bukunya Opsi Biner: Panduan Langkah demi Langkah untuk Menghasilkan Uang dari Perdagangan Opsi Biner.

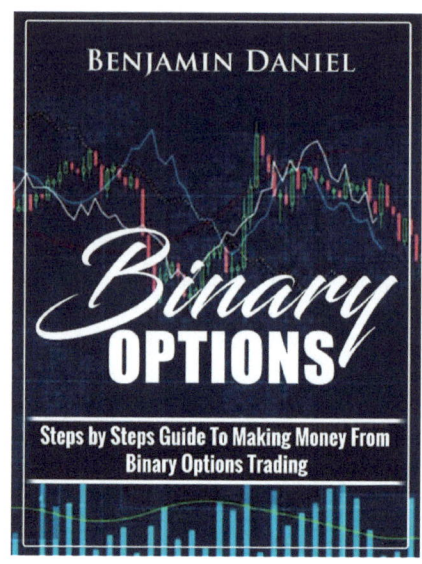

Dia membahas secara mendetail tentang Trend- bagaimana mengetahui tren baik secara manual dan menggunakan indikator dan bagaimana Anda dapat memperdagangkan retracement dari tren apa pun dalam Opsi Biner. Strategi yang digariskan di sana juga dapat digunakan untuk memperdagangkan Indeks Volatilitas untuk UP / Down (Naik / Turun) dan Touch / No Touch. Ini adalah buku yang sangat bagus yang akan banyak membantu Anda.

****

Terima kasih sudah membaca! Jika Anda menikmati buku ini atau merasa berguna, saya akan sangat berterima kasih jika Anda memposting ulasan singkat di Amazon atau situs tempat Anda membeli ebook ini. Dukungan Anda benar-benar membuat perbedaan dan saya membaca semua ulasan secara pribadi sehingga saya dapat memperoleh umpan balik Anda dan membuat buku ini menjadi lebih baik.

"Terima kasih sekali lagi atas dukunganmu!"

www.ingramcontent.com/pod-product-compliance
Lightning Source LLC
Chambersburg PA
CBHW040245220526
45473CB00001B/373